Imprint: Jaltas Books

Druck & Distribution: tredition GmbH, Ahrensburg

Willkommen in der Welt der Giraffen

Giraffen sind faszinierende Tiere, die für ihre langen Hälse und Beine bekannt sind. Sie sind die größten Säugetiere der Welt und haben eine einzigartige Anatomie, die es ihnen ermöglicht, sich von den Blättern und Zweigen der Bäume zu ernähren, die für andere Tiere unerreichbar sind.

Es gibt insgesamt neun verschiedene Arten von Giraffen, die in Afrika südlich der Sahara beheimatet sind. Jede Art hat ihre eigene Musterung und Farbe, aber alle haben den charakteristischen langen Hals und die Beine. Ein erwachsener Giraffenbulle kann bis zu sechs Meter groß werden, wobei der größte Teil dieser Größe auf den Hals und die Beine entfällt. Eine ausgewachsene Giraffenkuh ist etwas kleiner und wiegt zwischen 700 und 1200 Kilogramm.

Giraffen sind soziale Tiere und leben in Herden, die aus Weibchen und ihren Jungtieren bestehen. Männliche Giraffen leben in kleineren Gruppen oder allein. Während der Paarungszeit kämpfen die Männchen um die Gunst der

Weibchen, indem sie ihren langen Hals wie Keulen gegen ihre Konkurrenten schwingen.

Giraffen haben eine einzigartige Anatomie, die es ihnen ermöglicht, aufrecht zu stehen und auf Bäume zu zugreifen, die für andere Tiere unerreichbar sind. Ihre langen Hälse bestehen aus sieben Halswirbeln, genau wie bei anderen Säugetieren, aber jeder Halswirbel ist viel länger als bei anderen Tieren. Der längste Halswirbel einer Giraffe kann bis zu 28 Zentimeter lang sein.

Giraffen haben auch lange Beine, die sie schnell laufen lassen können, um Raubtieren zu entkommen. Sie können Geschwindigkeiten von bis zu 60 Kilometern pro Stunde erreichen und ihre langen Beine erlauben ihnen auch, schnell zu starten und zu stoppen, was ihnen bei der Flucht vor Raubtieren hilft.

Giraffen haben eine einzigartige Ernährung, da sie fast ausschließlich von Blättern und Zweigen von Bäumen und Büschen leben. Sie haben lange, raue Zungen, die es ihnen ermöglichen, die Blätter von den Zweigen zu ziehen, und ihre spitzen Lippen helfen ihnen, die Blätter abzubeißen, ohne die Dornen und Stacheln zu berühren.

Giraffen haben auch eine einzigartige Fortpflanzung, da sie während ihrer Paarungszeit laut trompeten und ihren Hals gegen andere Männchen schwingen, um die Aufmerksamkeit der Weibchen zu erlangen. Die Schwangerschaft dauert etwa 15 Monate, und das Weibchen bringt dann ein einzelnes Jungtier zur Welt. Das Jungtier ist bei der Geburt etwa zwei Meter groß und wiegt zwischen 50 und 100 Kilogramm.

Die Anatomie der Giraffen

Die Anatomie der Giraffen ist einzigartig und faszinierend. Der lange Hals der Giraffen ist das offensichtlichste Merkmal und ermöglicht es ihnen, Blätter und Zweige von Bäumen zu fressen, die für andere Tiere unerreichbar sind. Der Hals besteht aus sieben Halswirbeln, genau wie bei anderen Säugetieren, aber jeder Halswirbel ist viel länger als bei anderen Tieren. Der längste Halswirbel einer Giraffe kann bis zu 28 Zentimeter lang sein.

Der lange Hals der Giraffe hat auch einige einzigartige anatomische Anpassungen. Die Blutgefäße in ihrem Hals sind besonders dick und haben ein ausgeklügeltes System von Venen und Arterien, das es der Giraffe ermöglicht, ihr Blut in ihrem Körper zu halten und es nicht in ihren Hals zu pumpen. Dies ist wichtig, da der Blutdruck in einem so langen Hals extrem hoch sein würde, wenn das Blut nicht aufgehalten würde.

Die Beine der Giraffen sind auch sehr lang und ermöglichen es ihnen, schnell zu laufen und sich vor Raubtieren zu schützen. Giraffen haben lange, schlanke

Beine, die ihnen auch dabei helfen, schnell zu starten und zu stoppen, was bei der Flucht vor Raubtieren wichtig ist. Giraffen können Geschwindigkeiten von bis zu 60 Kilometern pro Stunde erreichen, was sie zu den schnellsten Säugetieren der Welt macht.

Die Hufe der Giraffen sind auch einzigartig. Jeder Huf ist groß und hat eine ovale Form, die es der Giraffe ermöglicht, ihr Gewicht auf eine größere Fläche zu verteilen, um ein Einsinken in den weichen Boden zu verhindern. Die Hufe haben auch eine dicke Hornschicht, die ihnen hilft, auf rauen Oberflächen zu laufen und ihre Beute zu verteidigen.

Die Zunge der Giraffe ist auch sehr einzigartig und hat eine Länge von bis zu 45 Zentimetern. Die Zunge ist mit einer dicken Schicht aus Papillen bedeckt, die es der Giraffe ermöglichen, Blätter und Zweige von Bäumen zu fressen, ohne sich an Dornen und Stacheln zu verletzen. Die Giraffen haben auch spezielle Muskeln in ihrer Zunge, die es ihnen ermöglichen, die Zunge schnell ein- und auszufahren, um ihre Nahrung zu ergreifen.

Die Augen der Giraffen sind groß und weit auseinander, was ihnen ein breites Sichtfeld gibt, um Raubtieren zu entkommen. Ihre Augen sind auch auf den Seiten ihres Kopfes platziert, was ihnen ein fast 360-Grad-Sichtfeld gibt, um potenzielle Raubtiere aus allen Winkeln zu erkennen.

Die verschiedenen Giraffenarten

Es gibt insgesamt neun verschiedene Giraffenarten, die in Afrika südlich der Sahara beheimatet sind. Jede Art hat ihre eigene Musterung und Farbe, aber alle haben den charakteristischen langen Hals und die Beine. Die verschiedenen Giraffenarten sind:

1. Massai-Giraffe: Die Massai-Giraffe ist die größte Giraffenart und hat ein unverwechselbares Fleckenmuster, das aus unregelmäßigen braunen Flecken besteht, die durch helle Zwischenräume getrennt sind.

2. Nordgiraffe: Die Nordgiraffe ist eine der seltensten Giraffenarten und hat einen dunkleren Fleckenmuster als andere Arten. Sie kommt hauptsächlich in Nordafrika vor und hat einen langen Hals, der ihr hilft, auf Bäume zuzugreifen.

3. Netzgiraffe: Die Netzgiraffe hat ein unverwechselbares Netzartiges Muster auf ihrer Haut. Sie ist die kleinste Giraffenart und hat einen kurzen und dicken Hals im Vergleich zu anderen Arten.

4. Kordofangiraffe: Die Kordofangiraffe hat ein deutliches Fleckenmuster, das aus großen, unregelmäßigen Flecken besteht, die durch helle Zwischenräume getrennt sind. Sie hat auch längere Hörner als andere Arten.

5. Angola-Giraffe: Die Angola-Giraffe hat ein ungewöhnliches Fleckenmuster, das aus großen, unregelmäßigen Flecken besteht, die durch schmale, weiße Zwischenräume getrennt sind.

6. Rotschild-Giraffe: Die Rotschild-Giraffe hat ein unverwechselbares Fleckenmuster, das aus helleren und dunkleren Flecken besteht, die durch helle Zwischenräume getrennt sind. Sie ist eine der seltensten Giraffenarten und hat längere Hörner als andere Arten.

7. Südafrikanische Giraffe: Die Südafrikanische Giraffe hat ein unverwechselbares Fleckenmuster, das aus großen, unregelmäßigen Flecken besteht, die durch helle Zwischenräume getrennt sind. Sie hat auch längere Beine als andere Arten.

8. Thornicroft-Giraffe: Die Thornicroft-Giraffe ist eine seltene Art, die nur im Luangwa-Tal in Sambia vorkommt. Sie hat ein unverwechselbares Fleckenmuster, das aus großen, unregelmäßigen Flecken besteht, die durch helle Zwischenräume getrennt sind.
9. Westafrikanische Giraffe: Die Westafrikanische Giraffe ist eine seltene Art, die nur in Westafrika vorkommt. Sie hat ein unverwechselbares Fleckenmuster, das aus großen, unregelmäßigen Flecken besteht, die durch helle Zwischenräume getrennt sind.

Obwohl alle Giraffenarten ähnlich aussehen, gibt es Unterschiede in ihrer Größe, ihrem Fleckenmuster und ihrer Anatomie. Einige Arten, wie die Massai-Giraffe, haben längere Beine und Hörner, während andere, wie die Netzgiraffe, einen kürzeren Hals und Körper haben.

Die soziale Struktur von Giraffen

Giraffen sind soziale Tiere und leben in Herden, die aus Weibchen und ihren Jungtieren bestehen. Männliche Giraffen leben in kleineren Gruppen oder allein und kommen nur während der Paarungszeit mit den Weibchen in Kontakt. Die soziale Struktur der Giraffen ist komplex und basiert auf einer Hierarchie, die durch Kämpfe und Dominanzverhalten bestimmt wird.

Innerhalb einer Herde haben die älteren und größeren Weibchen normalerweise einen höheren Rang als die jüngeren Weibchen. Dieser Rang wird durch Dominanzverhalten und Kämpfe bestimmt, bei denen Giraffen ihre Hälse wie Keulen schwingen, um ihre Konkurrenten zu vertreiben. Obwohl Kämpfe zwischen Weibchen selten sind, können sie sich aufeinander zubewegen und mit ihren Hörnern kämpfen, um ihre Dominanz zu beweisen.

Die Herde wird normalerweise von einem dominanten Weibchen geleitet, das die Richtung und das Verhalten der Gruppe bestimmt. Diese führende Giraffe ist normalerweise das älteste Weibchen der Herde und hat aufgrund ihrer Erfahrung und Dominanz ein höheres Ansehen in der Gruppe.

Männliche Giraffen haben auch eine Hierarchie, die durch Dominanzkämpfe bestimmt wird. Während der Paarungszeit kämpfen die Männchen um die Gunst der Weibchen, indem sie ihre Hälse wie Keulen gegen ihre Konkurrenten schwingen. Das Männchen mit dem längsten Hals und den größten Hörnern hat normalerweise den höchsten Rang und die beste Chance, sich zu paaren.

Obwohl Giraffen soziale Tiere sind, können sie auch unabhängig voneinander leben, besonders während der Trockenzeit, wenn Nahrung knapp ist und die Herden sich aufteilen, um bessere Nahrungsquellen zu finden. Giraffen haben auch ein territoriales Verhalten, bei dem sie bestimmte Bereiche für ihre Herden beanspruchen und andere Giraffen fernhalten.

Die Kommunikation innerhalb einer Giraffenherde erfolgt hauptsächlich über Körperhaltung und Bewegungen, sowie über Geräusche und Rufe. Giraffen können durch ihre Körperhaltung und ihre Bewegungen ihre Stimmung ausdrücken und ihre Absichten kommunizieren. Zum

Beispiel können sie den Kopf senken, um zu signalisieren, dass sie entspannt sind, oder den Kopf heben, um zu zeigen, dass sie aufmerksam und alarmiert sind.

Giraffen kommunizieren auch durch Geräusche und Rufe, wie Grunzen, Röcheln und Schnauben. Diese Geräusche werden normalerweise von Weibchen und Jungtieren gemacht und dienen dazu, ihre Bindung zu stärken und ihre Anwesenheit zu signalisieren.

Insgesamt haben Giraffen eine komplexe soziale Struktur, die durch Hierarchien, Dominanzverhalten und territoriales Verhalten bestimmt wird. Die Herden werden normalerweise von dominanten Weibchen geleitet, die die Richtung und das Verhalten der Gruppe bestimmen.

Giraffen als Vegetarier

Giraffen sind Pflanzenfresser und ernähren sich fast ausschließlich von Blättern und Zweigen von Bäumen und Büschen. Sie haben eine einzigartige Ernährung, die es ihnen ermöglicht, aufrecht zu stehen und auf Bäume zuzugreifen, die für andere Tiere unerreichbar sind. Ihre lange, raue Zunge hilft ihnen, die Blätter von den Zweigen zu ziehen, und ihre spitzen Lippen ermöglichen es ihnen, die Blätter abzubeißen, ohne die Dornen und Stacheln zu berühren.

Giraffen haben eine spezielle Verdauung, die es ihnen ermöglicht, die harten, faserigen Blätter zu verdauen. Sie haben ein mehrkammeriges Verdauungssystem, das es ihnen ermöglicht, ihre Nahrung langsam zu verdauen und alle Nährstoffe aus der Nahrung aufzunehmen. Die Nahrung wird zuerst in einem Vormagen gesammelt, wo sie von Bakterien und Mikroorganismen fermentiert wird, bevor sie in den Magen gelangt, wo sie weiter verdaut wird.

Giraffen müssen jeden Tag große Mengen an Blättern und Zweigen essen, um ihren Energiebedarf zu decken. Eine erwachsene Giraffe kann bis zu 45 Kilogramm Nahrung am Tag essen, was ungefähr einem Drittel ihres Körpergewichts entspricht. Sie haben auch einen hohen Wasserbedarf und trinken normalerweise aus Flüssen, Seen oder Wasserlöchern.

Da Giraffen fast ausschließlich von Blättern und Zweigen leben, müssen sie sich oft auf andere Arten von Bäumen und Büschen konzentrieren, um ihren Nährstoffbedarf zu decken. Sie haben auch eine spezielle Fähigkeit, Bäume auszuwählen, die reich an Nährstoffen und leicht zu erreichen sind.

Die Ernährung der Giraffen kann auch von der Jahreszeit abhängen. Während der Regenzeit gibt es mehr grüne Blätter und Büsche, die für Giraffen leichter zu erreichen sind, während während der Trockenzeit weniger Nahrung vorhanden ist und Giraffen oft auf Bäume und Büsche mit harten, faserigen Blättern angewiesen sind.

Die Ernährung der Giraffen hat auch Auswirkungen auf die Ökologie ihrer Umgebung. Sie können Bäume und Büsche vollständig abholzen, was die Biodiversität der Umgebung beeinträchtigen kann. Giraffen können jedoch auch dazu beitragen, das Wachstum von Büschen und Bäumen zu fördern, indem sie die Blätter von den Bäumen fressen und dadurch das Wachstum von neuen Trieben und Blättern anregen.

Insgesamt haben Giraffen eine einzigartige Ernährung, die es ihnen ermöglicht, auf Bäume zuzugreifen, die für andere Tiere unerreichbar sind, und eine spezielle Verdauung, die es ihnen ermöglicht, die harten, faserigen Blätter zu verdauen.

Die Fortpflanzung von Giraffen

Giraffen erreichen die Geschlechtsreife im Alter von 3-4 Jahren und haben eine Paarungszeit, die normalerweise von September bis November stattfindet. Männliche Giraffen kämpfen während dieser Zeit um die Gunst der Weibchen und verwenden ihre Hälse und Hörner, um ihre Dominanz zu beweisen. Das Männchen mit dem längsten Hals und den größten Hörnern hat normalerweise den höchsten Rang und die beste Chance, sich zu paaren.

Das Paarungsverhalten der Giraffen ist einzigartig und kann Stunden oder sogar Tage dauern. Das Männchen umkreist das Weibchen und versucht, es dazu zu bringen, stillzustehen und ihre Annäherung zu akzeptieren. Wenn das Weibchen sich paaren möchte, spreizt es seine Hinterbeine und beugt seinen Schwanz zur Seite.

Die Tragzeit von Giraffen beträgt etwa 15 Monate, und das Weibchen bringt normalerweise nur ein Junges zur Welt. Die Geburt findet normalerweise im Stehen statt, und das Neugeborene fällt aus einer Höhe von etwa zwei Metern auf den Boden. Dieser Sturz stimuliert das Atmen des Neugeborenen und es ist normalerweise in der Lage, innerhalb von 30 Minuten nach der Geburt aufzustehen und zu laufen.

Die Jungtiere bleiben normalerweise bei ihrer Mutter und der Herde, bis sie etwa 1 Jahr alt sind. Während dieser Zeit lernen sie, wie sie auf Bäume zugreifen und wie sie sich vor Raubtieren schützen können. Weibliche Giraffen bleiben normalerweise bei ihrer Mutter und der Herde, während männliche Giraffen die Herde normalerweise im Alter von 2-3 Jahren verlassen und sich einer Gruppe von männlichen Giraffen anschließen.

Giraffen haben eine niedrige Reproduktionsrate und bringen normalerweise nur alle 1-2 Jahre ein Junges zur Welt. Dies, zusammen mit dem Verlust von Lebensräumen und der Jagd, hat dazu geführt, dass einige Giraffenarten gefährdet sind.

Um den Bestand von Giraffen zu schützen, haben Naturschutzorganisationen verschiedene Maßnahmen ergriffen, wie zum Beispiel die Schaffung von Schutzgebieten und die Eindämmung von Wilderei. Es ist wichtig, die Fortpflanzung von Giraffen zu unterstützen und sicherzustellen, dass diese faszinierenden Tiere weiterhin in ihrer natürlichen Umgebung leben können.

Insgesamt haben Giraffen eine einzigartige Paarungs- und Fortpflanzungsweise, die durch Dominanzkämpfe und lange Tragzeiten gekennzeichnet ist. Obwohl sie eine niedrige Reproduktionsrate haben, spielen Giraffen eine wichtige Rolle in den Ökosystemen, in denen sie leben, und verdienen es, geschützt und erhalten zu werden.

Der Kampf ums Überleben

Giraffen sind majestätische Tiere, die einzigartige Eigenschaften und Verhaltensweisen haben. Trotzdem haben Giraffen mit vielen Herausforderungen zu kämpfen, die ihre Überlebensfähigkeit beeinträchtigen.

Eine der größten Bedrohungen für Giraffen ist der Verlust von Lebensräumen. Die Ausweitung der Landwirtschaft, die Entwaldung und die Bebauung führen dazu, dass immer mehr Lebensraum von Giraffen verloren geht. Giraffen brauchen große Gebiete mit Bäumen und Büschen, um genügend Nahrung und Platz zum Leben zu haben. Wenn ihr Lebensraum zerstört wird, haben Giraffen Schwierigkeiten, genügend Nahrung zu finden und können an Mangelernährung sterben.

Eine weitere Bedrohung für Giraffen ist die Wilderei. Giraffen werden oft wegen ihres Fleisches, ihrer Haut und ihrer Knochen gejagt. Die Jagd auf Giraffen hat in einigen Regionen zugenommen, da die Nachfrage nach Giraffenprodukten gestiegen ist. Dies hat dazu geführt, dass die Bestände einiger Giraffenarten dramatisch zurückgegangen sind.

Giraffen haben auch mit natürlichen Bedrohungen zu kämpfen, wie zum Beispiel Raubtieren. Löwen, Hyänen und Leoparden sind alle Raubtiere, die Giraffen jagen. Obwohl Giraffen durch ihre Größe und Stärke geschützt sind, sind Jungtiere und kranke oder alte Giraffen besonders anfällig für Angriffe.

Die Auswirkungen des Klimawandels auf Giraffen sind ebenfalls ein Anliegen. Der Klimawandel kann die Verfügbarkeit von Nahrung und Wasser für Giraffen beeinträchtigen, insbesondere während Dürren und anderen extremen Wetterereignissen. Wenn der Klimawandel fortschreitet, kann sich auch die Vegetation verändern, was die Fähigkeit von Giraffen beeinträchtigen kann, genügend Nahrung zu finden.

Um den Bestand von Giraffen zu schützen, haben Naturschutzorganisationen verschiedene Maßnahmen ergriffen. Eine Möglichkeit, Giraffen zu schützen, besteht darin, Schutzgebiete zu schaffen und die Lebensräume von Giraffen zu erhalten. Die Eindämmung der Wilderei ist auch ein wichtiger Schritt, um Giraffen zu schützen.

Es ist auch wichtig, das Bewusstsein für die Bedrohungen zu schärfen, denen Giraffen gegenüberstehen. Die Öffentlichkeit muss sich bewusst sein, wie wichtig Giraffen für die Ökosysteme sind, in denen sie leben, und wie wichtig es ist, diese faszinierenden Tiere zu erhalten.

Insgesamt haben Giraffen mit vielen Herausforderungen zu kämpfen, die ihre Überlebensfähigkeit beeinträchtigen. Der Verlust von Lebensräumen, die Wilderei, Raubtiere und der Klimawandel sind nur einige der Bedrohungen, denen Giraffen gegenüberstehen. Es ist wichtig, Maßnahmen zu ergreifen, um Giraffen zu schützen und sicherzustellen, dass diese faszinierenden Tiere in ihrer natürlichen Umgebung weiterleben können.

Giraffen in der menschlichen Kultur

Giraffen haben seit jeher eine faszinierende und einzigartige Präsenz in der menschlichen Kultur. Sie sind ein Symbol für Eleganz, Anmut und Stärke und haben in vielen Kulturen auf der ganzen Welt eine wichtige Rolle gespielt.

In der afrikanischen Kultur wurden Giraffen als Tiere verehrt, die die Verbindung zwischen Himmel und Erde symbolisieren. Sie wurden als heilig angesehen und in vielen afrikanischen Legenden und Geschichten erwähnt. Einige afrikanische Stämme glauben, dass Giraffen eine Verbindung zu den Ahnen haben und ihnen Botschaften übermitteln können.

In der westlichen Kultur wurden Giraffen oft als exotische und faszinierende Tiere betrachtet. Sie wurden in Zoos und Zirkussen gezeigt und waren oft Teil von Kunstwerken und literarischen Werken. Ein bekanntes Beispiel dafür ist das Kinderbuch "Sophie die Giraffe" von Dorothy Wall, das erstmals 1922 veröffentlicht wurde und noch heute populär ist.

Giraffen haben auch in der Mode- und Designwelt eine Rolle gespielt. Ihr eleganter Hals und ihre einzigartige Fellzeichnung haben dazu beigetragen, dass sie in der Modebranche und in der Gestaltung von Innenräumen beliebt sind. Von Giraffen inspirierte Muster und Designs finden sich auf Kleidungsstücken, Möbeln und Accessoires.

Giraffen haben auch in der Werbung eine wichtige Rolle gespielt. Sie wurden in vielen Werbekampagnen für Produkte wie Spielzeug, Nahrungsergänzungsmittel und Tierfutter verwendet. Ihre charakteristische Erscheinung hat dazu beigetragen, dass sie als Markenzeichen für verschiedene Produkte und Unternehmen dienen.

In der Filmindustrie haben Giraffen auch eine wichtige Rolle gespielt. Ein bekanntes Beispiel ist der Disney-Film "Dumbo" aus dem Jahr 1941, in dem eine Giraffenherde vorkommt. Auch in vielen Dokumentationen über Tiere werden Giraffen gezeigt, um ihr Verhalten und ihre Lebensweise zu dokumentieren.

Giraffen haben auch in der Wissenschaft und Forschung eine wichtige Rolle gespielt. Sie wurden untersucht, um mehr über ihre Anatomie, ihr Verhalten und ihre Ökologie zu erfahren. Die Forschung an Giraffen hat dazu beigetragen, unser Verständnis dieser faszinierenden Tiere zu vertiefen und Maßnahmen zum Schutz ihrer Lebensräume und ihrer Populationen zu entwickeln.

Insgesamt haben Giraffen in der menschlichen Kultur eine wichtige Rolle gespielt. Sie wurden als heilig verehrt, in der Kunst und Mode verewigt und in der Werbung und im Film verwendet. Ihr einzigartiges Erscheinungsbild und ihre faszinierenden Eigenschaften haben dazu beigetragen, dass sie ein Symbol für Anmut und Stärke geworden sind und in der Welt der Tiere einen besonderen Platz einnehmen.

Giraffen in Zoos und Wildparks

Giraffen sind beliebte Tiere in Zoos und Wildparks auf der ganzen Welt. Diese Einrichtungen ermöglichen es den Menschen, diese faszinierenden Tiere aus nächster Nähe zu erleben und mehr über sie zu lernen. Allerdings gibt es auch Kritiker, die argumentieren, dass Zoos und Wildparks nicht die idealen Lebensbedingungen für Giraffen bieten und dass sie in ihrer natürlichen Umgebung leben sollten.

In Zoos und Wildparks können Giraffen in einer sicheren Umgebung leben und vor Raubtieren und Wilderei geschützt werden. Sie erhalten eine regelmäßige Fütterung und medizinische Versorgung, die ihnen in freier Wildbahn möglicherweise nicht zur Verfügung steht. Besucher können Giraffen aus nächster Nähe sehen und mehr über ihre Anatomie, ihr Verhalten und ihre Lebensweise erfahren.

Allerdings haben Zoos und Wildparks auch einige Nachteile. Eine der größten Herausforderungen besteht darin, eine Umgebung zu schaffen, die den natürlichen Lebensraum von Giraffen nachahmt. Giraffen benötigen große Gebiete mit Bäumen und Büschen, um genügend Nahrung und Platz zum Leben zu haben. In Zoos und Wildparks sind die Räume oft begrenzt, was dazu führen kann, dass Giraffen nicht genügend Platz haben, um sich frei zu bewegen und zu grasen.

Ein weiteres Problem ist die soziale Struktur von Giraffen. In freier Wildbahn leben Giraffen normalerweise in großen Herden, die aus mehreren Männchen, Weibchen und Jungtieren bestehen. In Zoos und Wildparks können Giraffen jedoch aufgrund von begrenztem Platz und begrenzter Anzahl von Tieren in der Herde oft nicht in einer natürlichen sozialen Struktur leben. Dies kann zu Verhaltensproblemen und Stress führen.

Ein weiteres Problem ist die Zucht von Giraffen in Gefangenschaft. Die Zucht von Giraffen in Zoos und Wildparks ist oft eine Herausforderung, da es schwierig sein kann, geeignete Paare zu finden. In einigen Fällen müssen Giraffen aus verschiedenen Zoos oder Wildparks transportiert werden, um eine erfolgreiche Zucht zu ermöglichen. Der Transport kann jedoch Stress und Gesundheitsprobleme für die Tiere verursachen.

Insgesamt haben Zoos und Wildparks sowohl Vor- als auch Nachteile für Giraffen. Diese Einrichtungen ermöglichen es den Menschen, diese faszinierenden Tiere aus nächster Nähe zu erleben und mehr über sie zu lernen. Gleichzeitig können sie jedoch nicht die natürliche Umgebung von Giraffen nachahmen und können zu Verhaltensproblemen und Stress führen. Es ist wichtig, dass Zoos und Wildparks ihre Best Practices und Standards verbessern, um sicherzustellen, dass Giraffen in Gefangenschaft eine hohe Lebensqualität haben.

Die Bedrohung der Giraffen

Giraffen sind majestätische Tiere, die in vielen Teilen Afrikas beheimatet sind. Trotz ihrer Größe und Stärke haben Giraffen mit vielen Bedrohungen zu kämpfen, die ihre Überlebensfähigkeit beeinträchtigen.

Eine der größten Bedrohungen für Giraffen ist der Verlust von Lebensräumen. Die Ausweitung der Landwirtschaft, die Entwaldung und die Bebauung führen dazu, dass immer mehr Lebensraum von Giraffen verloren geht. Giraffen brauchen große Gebiete mit Bäumen und Büschen, um genügend Nahrung und Platz zum Leben zu haben. Wenn ihr Lebensraum zerstört wird, haben Giraffen Schwierigkeiten, genügend Nahrung zu finden und können an Mangelernährung sterben.

Eine weitere Bedrohung für Giraffen ist die Wilderei. Giraffen werden oft wegen ihres Fleisches, ihrer Haut und ihrer Knochen gejagt. Die Jagd auf Giraffen hat in einigen Regionen zugenommen, da die Nachfrage nach Giraffenprodukten gestiegen ist. Dies hat dazu geführt, dass die Bestände einiger Giraffenarten dramatisch zurückgegangen sind.

Giraffen haben auch mit natürlichen Bedrohungen zu kämpfen, wie zum Beispiel Raubtieren. Löwen, Hyänen und Leoparden sind alle Raubtiere, die Giraffen jagen. Obwohl Giraffen durch ihre Größe und Stärke geschützt sind, sind Jungtiere und kranke oder alte Giraffen besonders anfällig für Angriffe.

Die Auswirkungen des Klimawandels auf Giraffen sind ebenfalls ein Anliegen. Der Klimawandel kann die Verfügbarkeit von Nahrung und Wasser für Giraffen beeinträchtigen, insbesondere während Dürren und anderen extremen Wetterereignissen. Wenn der Klimawandel fortschreitet, kann sich auch die Vegetation verändern, was die Fähigkeit von Giraffen beeinträchtigen kann, genügend Nahrung zu finden.

Um den Bestand von Giraffen zu schützen, haben Naturschutzorganisationen verschiedene Maßnahmen ergriffen. Eine Möglichkeit, Giraffen zu schützen, besteht darin, Schutzgebiete zu schaffen und die Lebensräume von Giraffen zu erhalten. Die Eindämmung der Wilderei ist auch ein wichtiger Schritt, um Giraffen zu schützen.

Es ist auch wichtig, das Bewusstsein für die Bedrohungen zu schärfen, denen Giraffen gegenüberstehen. Die Öffentlichkeit muss sich bewusst sein, wie wichtig Giraffen für die Ökosysteme sind, in denen sie leben, und wie wichtig es ist, diese faszinierenden Tiere zu erhalten.

Insgesamt haben Giraffen mit vielen Herausforderungen zu kämpfen, die ihre Überlebensfähigkeit beeinträchtigen. Der Verlust von Lebensräumen, die Wilderei, Raubtiere und der Klimawandel sind nur einige der Bedrohungen, denen Giraffen gegenüberstehen. Es ist wichtig, Maßnahmen zu ergreifen, um Giraffen zu schützen und sicherzustellen, dass diese faszinierenden Tiere in ihrer natürlichen Umgebung weiterleben können.

Schutzmaßnahmen für Giraffen

Giraffen sind eine bedrohte Art und müssen geschützt werden, um ihre Populationen zu erhalten. Naturschutzorganisationen und Regierungen haben verschiedene Maßnahmen ergriffen, um Giraffen zu schützen und ihre Lebensräume zu erhalten.

Eine der wichtigsten Maßnahmen zum Schutz von Giraffen besteht darin, Schutzgebiete zu schaffen und die Lebensräume von Giraffen zu erhalten. Dies kann durch die Ausweisung von Nationalparks, Wildreservaten und anderen geschützten Gebieten erreicht werden. In diesen Gebieten werden Giraffen vor Wilderei und Lebensraumverlust geschützt und können sich frei bewegen und ihre natürliche Umgebung nutzen.

Ein weiterer wichtiger Schutzmechanismus ist die Eindämmung der Wilderei. Wilderei ist eine der größten Bedrohungen für Giraffen und kann ihre Populationen stark dezimieren. Naturschutzorganisationen haben Anti-Wilderer-Einheiten eingesetzt, um die Wilderei zu bekämpfen und die Täter zu verfolgen. Auch die Zusammenarbeit mit lokalen Gemeinschaften und die

Sensibilisierung für die Bedeutung von Giraffen und ihren Lebensräumen sind wichtige Aspekte im Kampf gegen die Wilderei.

Eine weitere Schutzmaßnahme besteht darin, die sozialen Strukturen von Giraffen in Gefangenschaft zu verbessern. Giraffen sind soziale Tiere und leben normalerweise in Herden. In Zoos und Wildparks können sie jedoch oft nicht in einer natürlichen sozialen Struktur leben. Es ist wichtig, sicherzustellen, dass Giraffen in Gefangenschaft genügend Platz haben, um sich frei zu bewegen, und dass sie in einer natürlichen sozialen Struktur leben können.

Die Förderung der Zucht von Giraffen in Gefangenschaft ist auch eine wichtige Maßnahme zum Schutz dieser Tiere. Die Zucht von Giraffen in Zoos und Wildparks ist oft eine Herausforderung, da es schwierig sein kann, geeignete Paare zu finden. Naturschutzorganisationen arbeiten jedoch daran, die Zucht von Giraffen zu verbessern, um den Bestand zu erhalten.

Es ist auch wichtig, das Bewusstsein für die Bedrohungen zu schärfen, denen Giraffen gegenüberstehen, und die Öffentlichkeit über die Bedeutung dieser Tiere aufzuklären. Naturschutzorganisationen und Regierungen arbeiten daran, das Bewusstsein für Giraffen zu erhöhen und Programme zur Sensibilisierung und Bildung durchzuführen.

Insgesamt sind Schutzmaßnahmen für Giraffen entscheidend, um ihre Populationen zu erhalten und ihr Überleben zu sichern. Der Schutz von Lebensräumen, die Eindämmung der Wilderei, die Verbesserung der sozialen Strukturen von Giraffen in Gefangenschaft und die Förderung der Zucht sind nur einige der Schritte, die ergriffen werden müssen. Es ist wichtig, dass alle Interessengruppen zusammenarbeiten, um Giraffen zu schützen und sicherzustellen, dass diese faszinierenden Tiere in ihrer natürlichen Umgebung weiterleben können.

Beobachtung und Forschung von Giraffen

Die Beobachtung und Forschung von Giraffen ist ein wichtiger Teil des Naturschutzes und der Erhaltung dieser faszinierenden Tiere. Durch die Beobachtung und Forschung von Giraffen können Wissenschaftler mehr über ihre Lebensweise, ihre Bedürfnisse und ihre Bedrohungen erfahren und bessere Schutzmaßnahmen entwickeln.

Eine der wichtigsten Arten der Beobachtung von Giraffen ist die Feldforschung. Wissenschaftler beobachten und studieren Giraffen in ihrer natürlichen Umgebung, um mehr über ihr Verhalten, ihre sozialen Strukturen und ihre Ökologie zu erfahren. Die Feldforschung kann auch dazu beitragen, den Bestand von Giraffen zu schätzen und ihre Verbreitung und ihre Bewegungsmuster zu erfassen.

Feldforschung kann schwierig sein, da Giraffen in großen, offenen Gebieten leben. Wissenschaftler nutzen jedoch verschiedene Techniken, um Giraffen zu beobachten und zu studieren, darunter GPS-Tracking, Telemetrie und Fernerkundung. Diese Technologien ermöglichen es

Forschern, Giraffen zu verfolgen und mehr über ihre Bewegungen und ihr Verhalten zu erfahren.

Eine weitere wichtige Methode zur Beobachtung von Giraffen ist die Verwendung von Wildkameras. Wildkameras können in Gebieten aufgestellt werden, in denen Giraffen leben, um ihre Bewegungen und ihr Verhalten zu erfassen. Wildkameras können auch dazu beitragen, die Anzahl der Giraffen in einem Gebiet zu schätzen und Verhaltensmuster zu erfassen.

Die Forschung an Giraffen umfasst auch die Untersuchung ihrer Anatomie und Genetik. Die Anatomie von Giraffen ist einzigartig und bietet Wissenschaftlern Einblicke in ihre evolutionäre Geschichte. Die Genetik von Giraffen wird ebenfalls untersucht, um mehr über ihre Verwandtschaft und Evolution zu erfahren.

Forschung an Giraffen umfasst auch die Erforschung von Krankheiten, die Giraffen betreffen können. Durch die Untersuchung von Krankheiten, die Giraffen betreffen können, können Wissenschaftler Maßnahmen entwickeln, um die Ausbreitung von Krankheiten in der Population von Giraffen zu verhindern.

Die Forschung an Giraffen trägt dazu bei, unser Verständnis dieser faszinierenden Tiere zu vertiefen und Maßnahmen zum Schutz ihrer Lebensräume und ihrer Populationen zu entwickeln. Es ist wichtig, dass Forschung und Beobachtung von Giraffen fortgesetzt werden, um sicherzustellen, dass wir die Bedürfnisse dieser Tiere verstehen und wirksame Schutzmaßnahmen entwickeln können.

Insgesamt ist die Beobachtung und Forschung von Giraffen ein wichtiger Teil des Naturschutzes und der Erhaltung dieser Tiere. Feldforschung, GPS-Tracking, Telemetrie, Fernerkundung und Wildkameras sind nur einige der Methoden, die zur Beobachtung von Giraffen eingesetzt werden können. Durch die Forschung an Giraffen können Wissenschaftler mehr über ihre Lebensweise, ihre Bedürfnisse und ihre Bedrohungen erfahren und bessere Schutzmaßnahmen entwickeln.